AF266181

Lb 41
1547

II, 215.

# MÉMOIRE

ADRESSÉ AU PEUPLE FRANÇAIS ET
ENVOYÉ A LA CONVENTION NATIONALE,
POUR SERVIR DE JUSTIFICATION AU
CAPITAINE GASSIN.

BIBLIOTHÈQUE ROYALE

# MÉMOIRE

ADRESSÉ AU PEUPLE FRANÇAIS ET ENVOYÉ A LA CONVENTION NATIONALE, POUR SERVIR DE JUSTIFICATION AU CAPITAINE GASSIN, *Commandant le vaisseau le Jacobin, dans l'Armée navale de la République, aux ordres du contre-Amiral Villaret, sortie de Brest, le 27 Floréal, et rentrée le 23 Prairial, l'an deuxième de la République, une et indivisible.*

---

CITOYENS, REPRÉSENTANS DU PEUPLE.

UN Militaire qui, dans toutes les occasions périlleuses, a servi la cause de la liberté avec autant d'honneur que de zèle, un républicain honoré du nom de brave, dans le bulletin de de la Convention Nationale, en date du premier janvier 1793, vieux style ; un patriote qui, le 15 juillet de la même année, commandait la plus petite des deux frégates républicaines , qui dans le golfe de Lyon , combattirent glorieusement et avec succès, pendant plus d'une heure, contre un vaisseau de 74 , et une forte frégate de 40 canons de l'armée anglaise ; un Capitaine enfin qui , lois de l'horrible trahison de Toulon , fut le seul qui , pour rester fidèle à la République, sût se sauver et se rendre à Marseille , à la tête de son équipage , sacrifiant sans balancer tout ce qui lui restait tant dans Toulon , qu'à bord de la frégate la Topaze qu'il commandait, devait-il s'attendre un jour à être publiquement couvert d'infamie sans l'avoir mérité ? Tel est cependant le sort affreux qu'éprouve le Capitaine Gassin.

Le 23 prairial, jour de la rentrée de l'armée navale de la République, je fus incarcéré, malade, dans un cachot mal-sain , sans être entendu, sans connaître aucun des motifs de mon arrestation , sans pouvoir même les soupçonner , et réduit enfin au plus rigoureux silence.

Trop cruellement trompé sur mon compte, le Représentant du Peuple Jean-bon-Saint-André , parla de moi ce soir-là même, à la société populaire de Brest , avec cette indignation que devait lui inspirer la conduite qu'on m'a supposé avoir tenu dans la journée du 13 prairial. Les sentimens qui l'animaient se transmirent avec une égale force dans l'ame de tous les Citoyens de ladite Commune. Vinrent ensuite les lettres qui informèrent la Convention du retour et des évenemens de l'armée navale, et qui, me présentant en peu de mots sous les couleurs les plus ré-

voltantes, la déterminèrent à en décreter l'in-
sertion dans ses bulletins.

Le journal sommaire du Représentant Jeanbon-
Saint-André, imprimé peu de temps après, et ré-
pandu avec profusion dans toute l'étendue de la République, acheva enfin de me perdre de réputation
dans les Départemens, dans nos armées, et dans
l'Europe entière. Pouvais-je être plus complétement
deshonoré ? De quel étonnement ne sera donc
pas frappée aujourd'hui la Convention Nationale,
en apprenant *que le Capitaine du Jacobin est in-
nocent de toutes les accusations portées contre lui ?*

Dès le principe, il m'eut été facile de le prouver
au Représentant Jeanbon-Saint-André, si moins
prévenu par les terribles effets de l'infatigable
calomnie, il eût daigné me voir et m'écouter.
Depuis long-temps la Nation eût été détrompée,
si moins sévèrement privé de toute espèce de
communication extérieure, j'eusse pû faire péné-
trer la vérité jusques dans le sein de ce Sénat
auguste, duquel il m'est enfin permis d'invoquer
la justice. Si tout homme a droit de la réclamer,
combien, à plus forte raison, doit y prétendre
l'innocence opprimée ?

C'est autant pour fournir la conviction de
cette innocence que pour obtenir un Jugement
qui seul peut me réhabiliter dans l'estime publique
que je vais répondre aux accusations personnel-
lement dirigées contre moi, dans le journal sommaire du Représentant du Peuple, dont on a
indignement surpris la probité dans cette occasion.
Je ne m'attacherai qu'aux faits graves, tous re-

B

latifs à l'affaire du 13 prairial ; je passe très-légèrement sur celle du 10, dans laquelle le journal ne disant rien du Vaisseau le Jacobin, qui empêcha l'armée Anglaise de couper notre arrière garde , et qui., par cette raison , essuia à la portée du pistolet le feu de 14 Vaisseaux ennemis , dont 5 à trois ponts , ou de 110 canons chacun. L'ennemi ayant toujours visé à nous dégréer dans cette journée , nous n'eûmes à la fin du combat que deux hommes tués et 5 ou 6 blessés ; mais beaucoup de manœuvres hachées, plusieurs voiles criblées ; le tenon du mât d'artimon coupé et quelques boulets dans le corps du Vaisseau à stribord , côté par lequel nous combatîmes le plus long-temps et de très-près. Nous n'en reçûmes aucun au côté basbord. Le lendemain 11 , nous finîmes de nous réparer. Nous fûmes forcés de dégréer ensuite le mât de perroquet de fougue , pour pouvoir jumeler le tenon du mât d'artimon coupé la veille par un boulet ; mais ce jour-là et le suivant, n'ayant pas eu le temps favorable pour terminer cette opération , *nous nous trouvâmes sans perroquet de fougue à l'affaire du 13.*

On lit au F°. 50 du journal, en parlant de cette journée : *le combat était engagé, et il était très-vif. On se battait de part et d'autre avec chaleur, lorsqu'une manoeuvre mal adroite du Capitaine Gassin, Commandant le Vaisseau le Jacobin, causa le plus grand désordre. Ce Vaisseau était de l'arrière du Général ; le Capitaine en avançant trop sur nous , laissa un vuide dans la ligne ; il s'apperçut trop tard de sa faute ; il mit son grand hunier sur le mât, mais il se trouvait engagé sous le vent à nous et la vérité est qu'il ne savait ce qu'il faisait. L'Amiral Anglais qui s'apperçut de son embarras, voulut en profiter, il laissa arriver sur la Montagne dans l'intention de couper la ligne derrière ce vaisseau, ce qu'il fit en effet.*

Au F⁸. 56, on lit de plus, ligne 19, *c'est l'impéritie de quelques Capitaines, et notamment de celui du Jacobin qui nous a ravi des mains la victoire la plus brillante.*

Voici ma réponse. L'armée Anglaise avait l'avantage du vent, elle vint à nous sur une ligne de front ; s'étant ensuite formée en bataille, l'attaque devînt générale. J'appercus de bonne heure l'Amiral Anglais de l'arrière à nous, venant toutes voiles dehors, les amures à basbord, ne ripostant pas un seul coup de canon aux bordées entières des vaisseaux sous le feu desquels il était obligé de passer, ce qui laissait présumer son intention de venir attaquer *la Montagne.*

Le combat était déjà vivement engagé de part et d'autre, que *la Montagne* et *le Jacobin* étaient les seuls à attendre le moment de porter des coups assurés, quoique nous essuiassions déjà le feu de plusieurs Vaisseaux réunis par notre travers ; lorsqu'un de mes Officiers vint me dire que de la galerie du Général on venait de nous donner au porte-voix *l'ordre de serrer davantage la Montagne et le plus près possible.* Quoique nous n'en fussions qu'à la petite distance de trois quarts d'encablure, il fallut obéir. Je fis aussitôt éventer le grand hunier qui était en ralingue. Quel fut mon étonnement de voir qu'au moment où je venais d'exécuter la manœuvre nécessaire pour obéir à l'ordre donné de la part du Général; on avait déjà, à bord de *la Montagne*, mis en panne le grand hunier et le perroquet de fougue sur le mât. J'ordonnai tout de suite de brasser à culer le grand hunier; mais *le Jacobin* dont la marche venait d'augmenter de vîtesse, ne pouvant être amorti dans la minute, approcha alors de si prés *la Montagne*, que je fus obligé de faire arriver par sa hanche de stribord, tant pour éviter un abordage très-funeste dans un pareil moment, que pour me conformer à la loi de la tactique navale, qui à l'article VII des avertissemens généraux, exige expressément *qu'on ne double jamais aucun Vaisseau que sous le vent.* J'étais aussi plus dégagé pour manœuvrer que si j'eusse passé au vent. Lorsque nous commençâmes à culer, notre mât de Mizaine se trouvait par le travers de la galerie de *la Montagne*.

Si le vaisseau *le Jacobin* a tellement approché de *la Montagne* en cette occasion, qu'il se soit vu forcé d'arriver sous le vent de ce vaisseau pour éviter un funeste abordage, la faute peut-elle en être attribuée au capitaine du *Jacobin*, lequel a dû nécessairement obéir sans retard à l'ordre précis donné au nom du général, et ne doit-elle pas au contraire être imputée seulement à la manœuvre qui fut faite alors à bord de *la Montagne*? car de deux choses l'une : où le général voulait que *la Montagne* manœuvrât pour culer sur *le Jacobin*, ou que *le Jacobin* manœuvrât pour approcher *la Montagne* ; s'il voulait que *la Montagne* manœuvrât pour culer sur *le Jacobin*, il devait seulement mettre en panne comme il le fit, et laisser *le Jacobin* à son poste sans lui rien dire ; s'il voulait au contraire que *le Jacobin* manœuvrât pour approcher *la Montagne*, il devait seulement donner à ce vaisseau l'ordre qu'il lui a effectivement donné, sans faire mettre en panne *la Montagne* ; *le Jacobin* alors ne l'eût jamais approché de trop près ; mais *la Montagne* ayant brassé à culer sur *le Jacobin*, au moment même que ce dernier exécutait l'ordre d'avancer sur *la Montagne* ; *le Jacobin*, qui n'était alors distant de *la Montagne* qu'à trois quarts d'encablure, dût nécessairement lui être dessus dans un instant, puisque les mouvemens de chacun de ces deux vaisseaux tendaient en même temps à une rencontre mutuelle et très-prompte, que le général seul pouvait et devait prévoir, et du résultat de laquelle il doit être conséquemment seul responsable.

De plus, l'ordre donné au *Jacobin* n'ayant été que verbal, sans être signalé à tous les vaisseaux qui étaient de l'arrière à lui, afin qu'ils s'y conformassent, *le Jacobin seul, forcé d'obéir de suite à cet ordre*, et n'étant pas immédiatement et en même-temps suivi par tous les vaisseaux jusqu'à la queue, il devait nécessairement rester un intervalle entre celui qui avançait et celui qui ne suivait pas ; c'est ce qui arriva entre *le Jacobin* et *l'Achille* ; son matelot d'arrière qui ne le suivit point. L'Amiral Anglais qui se trouvait déjà par le travers de ce dernier, fit arriver entre ces deux Vaisseaux, et profita de cette position avantageuse pour envoyer sa bordée de stribord à *l'Achille* et celle de basbord à *la Montagne*. *Le Jacobin* avait alors son petit hunier en ralingue, et le grand hunier brassé à culer ; par cette manœuvre qui nous écartait de *la Montagne*, nous devions également amener par notre travers l'Amiral Anglais qui se trouvait de l'arrière à nous, et à stribord.

Le journal sommaire dit ensuite aux F°s 5o et 51 : *La faute pouvait être réparée, et l'on pouvait aisément faire tourner contre l'Amiral Anglais sa propre imprudence. Si le Jacobin avait arrivé vent arrière, il laissait au Vaisseau ennemi toute la facilité de prolonger la Montagne à stribord, et revenant ensuite au vent, il le plaçoit entre deux feux. L'ordre d'arriver lui fut donné au porte-voix par plusieurs personnes ; et ce fut en le lui donnant que le Citoyen Baire Capitaine de pavillon du Général, fut atteint d'un boulet dont il mourut quelques heures après. Cependant le Jacobin n'arrivait pas, et l'Amiral Anglais qui nous en voulait principalement, après avoir lâché sa bordée de stribord sur l'Achille, enfila par la hanche le Vaisseau la Montagne, et lui fit un mal affreux. Cent hommes au moins ont été tués par ces décharges meurtrières (a) et l'arrière du Vaisseau en a beaucoup souffert. Nous avions le feu de l'ennemi, et nous ne pouvions pas le lui rendre, crainte*

---

(a) Au F°. 61, ligne 14, en parlant de la Montagne, au combat du 13, on lit : *Une pièce de canon avait crevé pendant* de tirer sur un de nos *Vaisseaux*; cependant nous pûmes enfin arriver, et nous présentâmes le côté à l'Amiral *Anglais* qui ne put le soutenir long-temps, et qui se retira démâté de son mât d'artimon et de son grand mât. Dans ce moment nous étions entourés de cinq à six *Vaisseaux*; nous faisions feu des deux bords; nous coulâmes un *Vaisseau* ennemi au vent, et tous ceux qui nous approchèrent furent très-mal-traités.

Quoique je ne révoque point en doute, cet ordre d'arriver vent arrière que le Représentant du Peuple affirme m'avoir été donné de la galerie de *la Montagne*. J'assure avec vérité que je n'ai pas eu la moindre connoissance de cet ordre, et qu'aucun officier du *Jacobin* ne me l'a transmis. Si je l'eusse entendu, sans doute, j'eusse fait arriver, telle chose qu'il eût pû en résulter; mais n'ayant pas eû, je le répète, la moindre connoissance de cet ordre, devais-je prendre sur moi une manœuvre qui, faite dans les meilleures intentions, aurait été suffisante pour me faire accuser de trahison ? Eh quoi, lorsque *la Montagne* combattait contre quatre ou cinq Vaisseaux, j'aurais fait arriver pour le laisser encore attaquer sous le vent par l'Amiral

---

*l'action*; et au F°. 5, ligne 3 *le nombre des morts et des blessés a du être très-considérable; la Montagne seule en a eu trois cents, dont le tiers seulement de blessés;* ce qui signifie qu'elle en a eu deux cents tués. Si cependant il est vrai, comme on l'a assûré à Brest, qu'il n'y ait eu que *soixante-cinq tués et quatre-vingt-seize blessés*, malgré qu'une pièce de canon ait crevé pendant l'action, ( ce qui doit avoir tué ou blessé bien du monde ) il faudrait avouer qu'on aurait étrangement trompé le Représentant du Peuple. Quel autre motif en aurait-on pu avoir, que celui de l'indigner encore plus contre le Capitaine du *Jacobin* ?

Anglais, et cela dans l'intention de mettre ce dernier entre deux feux ? qu'aurait-on dit du *Jacobin* alors ? qui n'eût pas jugé d'après une pareille manœuvre que le Capitaine Gassin avait voulu sacrifier le Représentant du Peuple, le Général, l'Armée même ? Ne m'exposais-je pas en arrivant vent arrière à être tellement désemparé par l'ennemi qui se trouvant de l'arrière au *Jacobin*, n'avait qu'à laisser courir un peu de l'avant en tenant le vent, pour m'enfiler, et me mettre hors d'état de pouvoir revenir ensuite sur basbord afin de le mettre lui-même entre deux feux ? et alors toutes les voix ne se seraient-elles pas réunies contre moi avec apparence de justice ? Mon intention quoique bonne n'eût-elle pas été jugée criminelle d'après cette manœuvre, si je l'eusse exécutée de mon propre mouvement ? n'ayant donc pas eu la moindre connoissance de cet ordre, puis-je être blamable de ne l'avoir pas exécuté, et d'avoir au contraire par la manœuvre que j'ai faite, empêché l'Amiral anglais d'effectuer le projet qu'il avait de mettre *la Montagne* entre deux feux, et de réunir la majeure partie de ses forces contre notre Général, qui, de l'aveu même du Réprésentant, était déjà entouré de quatre ou cinq Vaisseaux.

Lorsque le général Villaret eut reçu dans sa hanche de basbord la bordée que lui envoya l'amiral anglais, en venant se placer entre *le Jacobin* et *l'Achille*, nous vîmes *la Montagne* arriver vent-arrière ; ne concevant rien à une manœuvre aussi étrange de la part de notre général, qui sortait de la ligne, lorsque l'amiral anglais ne pouvait pas le combattre, j'en attribuai la cause à quelque avarie dans sa barre de gouvernail ; je commandai aussitôt d'éventer les huniers pour que le vaisseau pût obéir aux manœuvres que des nouvelles circonstances pourraient exiger ; mais nos bras de grand hunier et de grande vergue du côté stribord se trouvant déjà coupés par les boulets des vaisseaux qui nous combattaient par le travers, je fus forcé de donner une petite arrivée pour pouvoir éventer et orienter le grand hunier.

Le général Villaret étant sorti de la ligne, par l'arrivée que fit *la Montagne* ; l'Amiral Anglais ( qui comme je l'ai déjà dit, se trouvait de l'arrière, et à stribord du *Jacobin* ), se rangeant alors vivement sur basbord, en serrant le plus près du vent, envoya dans cette nouvelle position toute sa bordée de stribord, par la hanche de stribord de la *Montagne*. Par cette manœuvre, ce vaisseau ennemi ne put essuyer long-tems le feu de notre Général, puisqu'en venant au vent, il se trouva par la hanche de basbord du *Jacobin*, et conséquemment à l'abri de ce dernier. Le feu le plus terrible commença dès cet instant entre nous et ce vaisseau de cent dix canons. Il manœuvra toujours pour nous combattre par la hanche de basbord, afin de nous laisser exposés, au feu de ceux contre qui nous combattions alors. Je fis inutilement tout ce qu'il était possible pour l'amener par notre travers, nous ne pûmes jamais employer contre lui que le tiers de notre artillerie de basbord. Dans ce combat horrible qui dura près de deux heures et demie à bout touchant, nous dûmes lui faire beaucoup de mal, puis qu'après lui avoir coupé son petit mât de hûne, et l'avoir ensuite dématé de son mât de mizaine, il cessa son feu, et se retira en serrant le vent à la faveur de ses voiles d'arriere, qui par sa position pendant toute cette affaire, n'avoient pû être endomagées.

Je ne crains pas d'avancer ici, que *la ligne de l'armée de la République n'a jamais été coupée au poste du Jacobin,* car qu'est ce que l'on entend en terme de tactique navale, par couper la ligne ? *Deux armées combattant aux-mêmes amures comme nous le faisions ce jour-là, celle du Vent voulant profiter de sa position pour couper celle de sous le Vent, la fait traverser par une certaine quantité de Vaisseaux qui, se suivant beauprez sur poupe, en forçant de voiles donnent leurs bordées aux vaisseaux placés à l'endroit où ils coupent la ligne, et revenant ensuite au lof, prolongent sous le Vent et mettent entre deux feux les vaisseaux de tête de cette même ligne qui vient d'être coupée.* Or, ici, c'est l'Amiral anglais, un seul vaisseau qui vient pour mettre entre deux feux le Général français, et qui appercevant un vuide entre deux vaisseaux, y gouverne dessus, ( ce qu'il est impossible d'empêcher ), et par cette manœuvre envoye sa bordée de stribord à *l'Achille*, et celle de bas bord à *la Montagne* ; mais cet Amiral Anglais a-t-il pû ensuite prolonger sous le vent, le Général français ? a-t-il pû mettre quelqu'un de nos vaisseaux entre deux feux ? non, il n'a pas même osé le tenter, il a été au con-

( 13 )

traire forcé de s'attacher à combattre constamment
le *Jacobin*, et par sa hanche du vent ; cet Amiral n'a donc jamais coupé la ligne. Le Capitaine
du *Jacobin*, pourrait-il donc être répréhensible
d'avoir, par sa manœuvre, rompu les desseins de
l'ennemi, en l'empêchant de pouvoir mettre aucun de nos vaisseaux entre deux feux ?

Je crois devoir n'attribuer qu'à une faute
d'impression l'erreur qui se rencontre dans cet
article, auquel je viens de répondre, où il est
dit : *Ce vaisseau se retira dématé de son grand mat,
et de son mat d'artimon.* C'est vraisemblablement
de quelque autre vaisseau que de l'Amiral Anglais, duquel le représentant a voulu parler,
car ce dernier auquel le Jacobin eut alors affaire,
comme je viens de le dire, ( et de très-près ),
n'avait perdu aucun de ses mâts.

On lit encore à la datte du 15, fᵒ. 58,
ligne 12, relativement à l'affaire du 13, *quelques-
uns, de ces vaisseaux avaient très-peu souffert dans
le combat, tels que l'Eole, le Tourville, le Jacobin,
le Pelletier, le Téméraire ; mais sur-tout le Trajan,
qui n'avait eu que trois hommes tués dans l'affaire.
Ces vaisseaux appartenaient à l'avant - garde, à
l'exception du Pelletier, qui avait été placé à l'arriere
garde, et du Jacobin, qui faisait partie de l'escadre
du centre ; mais qui arriva plus encore que l'avant
garde, et qui ne pût prendre aucune part à l'action.*

C'est ici que la justice s'indigne d'horreur contre
la méchanceté inouïe de ceux qui ont osé trom-
per aussi cruellement la probité d'un Répresen-
tant du Peuple.

Dans les deux heures et demie que le vaisseau *le Jacobin* à combattu contre plusieurs vaisseaux qu'il avait par son travers, mais plus particulièrement encore contre l'Amiral anglais qui le battit constament par la hanche ; le Jacobin, dis-je, reçût à basbord seulement *cent sept boulets dans le corps du Vaisseau, dont 36 à la flottaison, et 12 dessous la flottaison.* Trois pénétrèrent dans la soute aux poudres, trois dans les souttes à pain, un au poste du Chirurgien, et un dans la Cambuse, qui y tua un homme, et en blessa deux autres, chose très-extraordinaire à ce poste. Nous eûmes en outre 21 boulets dans la mature et les vergues, dont six dans le grand mât, un le perçant de part en part ; et cinq dans le mât d'Artimon ; indépendamment de la quantité infinie de boulets qui donnèrent dans le bastingage, qui entrèrent par les sabords, qui criblèrent toutes nos voiles, et qui portèrent sur les manœuvres courantes et dormantes que nous eûmes entièrement hachées ; deux pièces de canon de 36, et deux de 24 furent démontées de leurs affuts, brisés par les boulets ; un canon de 36 fut fendu ; un pierrier en bronze, coupé par le milieu, un joual d'ancre partagé, plusieurs barrots, courbes, serres, illoires furent endommagés, tant dans le premier et le second pont, que sur le pont, et le Gaillard d'Arrière ; nous eûmes enfin *cent six hommes hors de combat,* dont les deux tiers blessés la plûpart grièvement, et trente - six tués.

Il faut avouer que le génie de la Liberté, protecteur des vrais Patriotes, semble avoir prévu à mon égard les desseins de ceux qui m'ont calomnié aussi méchamment, puisqu'il a permis qu'à l'affaire du dix Prairial, *le Jacobin* n'ait, pour ainsi dire, combattu que par le côté stribord, et qu'il ne reçut pas un coup de canon dans le corps du Vaisseau à basbord, côté par lequel il a combattu à l'affaire du 13, ce qui enlève à mes ennemis le prétexte, dont ils n'auraient pas manqué de se servir, en attribuant encore au combat du 10, la majeure partie des coups de canons qu'il reçut le 13.

Que l'on juge actuellement si le *Jacobin* n'a *pris aucune part à l'action, et si l'impéritie du Capitaine notamment nous a ravi des mains la victoire la plus brillante.*

L'Amiral anglais ne s'en fut pas allé comme il le fit, si *le Jacobin* cût encore pû manœuvrer ; mais toutes nos manœuvres étant hachées, nous ne pûmes plus exécuter aucuns mouvemens. La majeure partie de nos haubans et cale haubans étant coupés, la mâture courait risque de tomber. Toutes les amures, écouttes, boulines, cargues fonds, et cargues points, n'existant plus qu'en morceaux, nos basses voiles se trouvaient appareillées, sans que nous pussions nous en servir ; il fallut conséquemment rémedier au plus nécessaire ; mais comme cela exige du tems, *le Jacobin* en attendant, courut de l'avant malgré le desir que le Capitaine avait de rester à son poste, desir qu'il manifesta bien clairement, en n'oubliant rien de ce qui peut engager des hommes libres et braves à se surpasser. Quoiqu'ils travaillassent tous avec une ardeur et une vivacité étonnantes, mon impatience me les faisait aiguilloner encore de tous les propos, que m'inspiraient cet amour de la Liberté, de la Patrie, et de la gloire dont nous étions tous animés. Voulez-vous, leur disai-je, vous déshonorer aujoud'hui mes camarades, quand vous pouvez cueillir des lauriers ? voudriez-vous qu'on nous soupçonnât d'abandonner nos freres ? voulez-vous qu'on dise que nous quittons le champ de bataille ? il ne s'agit pas de ce que vous avez fait ; mais de ce qu'il vous reste à faire pour prouver que vous avez été braves, dépêchez-vous donc plus vîte que vous ne faites, ou bien nous sommes déshonorés ? Qu'ils me dementent si j'en impose.

En courant de l'avant dans le tems que nous travaillions à nous réparer ; nous passâmes très-près de *la Montagne* ; le Général nous fit dire alors au porte-voix d'aller nous joindre au Vaisseau *le Sans-Pareil.* Je lui fis répondre, que n'ayant pas une manœuvre entiere, et étant totalement désemparés, nous étions hors d'état de rien exécuter dans le moment ; mais que nous travaillions à nous réparer avec promptitude, et qu'aussitôt que nous le serions du plus urgent, nous irions par-tout où il nous l'ordonnerait. *Serait-il possible qu'il n'eût pas connu alors le Vaisseau auquel il parlait?*

Peu de tems après, passant sous le vent du *Terrible*, plusieurs boulets des vaisseaux ennemis qui le combattaient, traversant entre les mats du *Jacobin*, quelques matelots crurent un instant que le *Terrible* tirait sur nous ; je les en dissuadai bientôt, en leur observant que le *Terrible* se battant du côté basbord, nous ne pouvions, étant à stribord à lui, recevoir d'autres boulets que ceux de l'ennemi et non les siens. Le combat ne tarda pas à cesser de part et d'autre.

Ces deux derniers faits ne sont-ils pas une preuve bien évidente, que le *Jacobin*, quoique totalement désemparé et dans l'impossibilité de manœuvrer pour rester à son poste, n'avait cependant pas quitté le Champ de Bataille ?

A midi trois quarts, le combat ayant cessé, lorsque le Général fit le signal à l'Armée de virer lof pour lof et de prendre les amûres à Stribord, le *Jacobin* se trouvait encore beaucoup au vent, et de l'arrière de cinq vaisseaux de notre avant-garde ; mais ne pouvant exécuter ce signal de virer vent arière avec toute la vivacité possible, faute des manœuvres essentielles qui n'avaient pas pu encore être toutes remplacées, il tomba alors sous le vent, et jusques dans les eaux de l'avant-garde. Il se trouva cependant encore à la tête de ces cinq vaisseaux, lorsqu'il eut fini son évolution. Le *Jacobin* n'a donc jamais arrivé plus encore que l'avant-garde. J'observerai d'ailleurs que ce n'a été qu'après la fin du combat, qu'il s'est trouvé là ; il ne s'y est trouvé que parce qu'il avait été totalement désemparé ; eût-il été totalement désemparé, s'il n'avait pu prendre aucune part à l'action ?

A une heure et demie après - midi , une corvette vint d'ordre du Général nous dire, d'aller prendre à la remorque un vaisseau démâté ; nous lui fîmes encore répondre, que, depuis que nous l'avions informé que nous étions totalement désemparés, nous n'avions pas discontinué de travailler au remplacement des manœuvres les plus pressantes ; que cet ouvrage ne pouvant tarder de finir, il pouvait être assuré que nous allions mettre cet ordre à exécution, ce que nous fîmes effectivement bientôt après avec la plus grande célérité. Nous eûmes encore par-là l'occasion d'envoyer plusieurs bordées de Stribord à un vaisseau ennemi, à portée duquel nous passâmes. A deux heures et demie, ayant joint le *Gemmape*, un de nos vaisseaux démâté de tous mats, le *Jacobin* lui donna la remorque, et fut le premier à exécuter cette manœuvre qui fut achevée en très-peu de tems ; nous le remorquâmes constamment jusqu'au mouillage à Bertheaume qui est à l'entrée de Brest.

Le 21 Prairial, nous donnâmes chasse à une division anglaise , qui nous parut être composée de douze Vaisseaux, cinq Frégates ou Corvettes. Le 23, enfin, l'armée mouilla dans la matinée à la rade de Bertheaume.

Tous les Capitaines ayant été appelés à bord de *la Montagne*, je m'y rendis quoique malade, et portai avec moi l'état général de situation demandé à tous les Vaisseaux, par un signal fait dans la matinée. Je le présentai au Général, qui, sans l'accepter, ni me regarder, me dit très-séchement *vous êtes débarqué*. N'attribuant un compliment de cette nature qu'à l'état où je me trouvais ; mais voulant m'en assurer, je lui en demandais les raisons ; *vous le saurez*, fut sa réponse. Je fis la même question au Major de l'Armée , qui en détournant la tête me répondit à son tour, *je n'en sais rien*. Pareille réponse me fut faite encore par le Secrétaire du Réprésentant du Peuple. Bref, le Général à qui je demandai ses derniers ordres , me répondit, *vous pouvez aller les attendre à bord du Jacobin où vous resterez en état d'arrestation*. Lui ayant présenté une seconde fois l'état de situation , il l'accepta, et je retournai à bord du *Jacobin* , où je fis part à l'Etat Major de ce que je venais d'apprendre. L'étonnement, la vive sensibilité , et l'expression des sentimens vrais et sinceres , que chacun me témoigna . furent pour moi une consolation si douce, qu'elle me dédommagea en partie des cruels désagrémens, que je venais d'éprouver, et qui n'étaient , comme on l'a vu, que le prélude de ceux qui m'étaient réservés. A midi, un Officier du *Jacobin* ayant été appellé à bord du Général, on lui remit mon ordre de débarquement et d'arrestation.

Au moment où j'allais débarquer, le Lieutenant en pied , suivi de l'Etat-Major, vint m'offrir, au nom de l'Equipage du *Jacobin* , un certificat qui constatait la conduite honorable que j'avais tenue en présence de l'ennemi , et dont ils avaient partagé les périls et la gloire. Cette piece était signée de l'Etat-Major, des Maîtres , et d'une partie de l'Equipage. Quoique sensible au vif intérêt , que mes freres d'armes prenaient à ma position, je les priai néanmoins de trouver bon , que je refusasse cette pièce, dont le prix était infini à mes yeux ; mais que les calomniateurs qui avaient pû m'accuser auprès du Réprésentant du Peuple, ne manqueraient peut-être pas d'attribuer encore à des motifs indignes de moi. Je remerciai mes camarades des témoignages flateurs qu'ils me donnaient de leur estime ; je leur rendis cette piece, en ajoutant, que ne pouvant être jugé, sans qu'ils fussent eux-mêmes appellés, la vérité qui sortirait de leur bouche, suffirait pour faire triompher mon innocence, et je partis. La Corvette *le Jean Barth*, me mena à Brest le même soir, j'entrai de suite au Château , où je demeurai jusqu'au 4 Messidor, jour auquel ma maladie obligea l'accusateur public à me faire transférer à l'Hôpital.

Qu'il me soit permis de placer ici quelques réflexions. A la dernière ligne *Folio* 51 du Journal sommaire , il est dit : *Les tourbillons de fumée empêchaient de voir autour de soi ce qui se passait , et nos frégates nous ont rapporté que la Montagne avait été pendant deux heures invisible à leurs yeux.* Je ne suis pas surpris que le représentant Jean-Bon-St-André , environné pendant si long-tems d'une fumée épaisse, n'ait pas vu ce qui se passait derrière lui entre *le Jacobin* et l'Amiral Anglais ; je ne suis pas plus étonné, qu'après le combat, ce représentant ayant apperçu *le Jacobin* dans les eaux de l'avant-garde qui était sous le vent, ait cru, comme on le lui aura assûré, que *le Jacobin* n'avait pris aucune part au combat ; mais si aprés l'arrivée à Bertheaüme, le Général ayant reçu du capitaine Gassin l'état de situation du *Jacobin*, se fût transporté à bord de ce vaisseau pour s'assûrer de la vérité des faits, il aurait aussi *trouvé empreinte sur son bord la preuve du courage avec lequel il s'était battu* ; il aurait pu se convaincre de la quantité de morts et de blessés portée dans ledit état de situation : si le général qui n'a rien fait de tout cela, eût du moins donné une simple communication de cet état de situation aux représentans du peuple ; au lieu de rien publier de diffamant sur la conduite de ce Capitaine, ils lui eussent au contraire rendu la justice qu'il méritait, et qu'il est forcé de réclamer aujourd'hui de la Convention nationale : ils n'eussent pas dit en parlant du *Jacobin*, dans la lettre insérée dans les bulletins de la Convention : *beaucoup de vaisseaux ont bien rempli leur devoir ; mais il en est aussi dont les Capitaines se sont montrés indignes du poste qui leur était confié ; il n'y a surtout qu'un cri contre le Capitaine du Jacobin ;* car ce cri n'a pas pu être celui de l'armée ; puisque dans la chaleur du combat, l'épaisseur continuelle de la fumée n'a pas plus permis à l'armée de distinguer *le Jacobin*, qu'au *Jacobin* de distinguer les divers vaisseaux de l'armée. La frégate *La Gentille* a pu seule parler du *Jacobin* ; sa proximité du Général l'a mise à portée de juger si le Capitaine Gassin a fait ou non son devoir ; qu'on consulte ce Capitaine, ses Officiers, son équipage , et l'on saura s'ils crient *pour ou contre le Jacobin.*

Pourquoi, si j'étais réellement coupable, ne m'a-t-on pas jugé à Brest, dans l'espace de trois mois et vingt jours qu'on m'y a gardé en détention ? Le vaisseau et l'équipage du *Jacobin,* tous les témoins à charge et à décharge, l'armée entière, tout enfin était réuni sur les lieux. A-t-on voulu attendre que ceux qui peuvent attester en ma faveur les vérités que j'avance, fussent partis pour me priver des moyens de justifier ma conduite ? Je l'ignore; mais à quoi n'ai-je pas lieu de m'attendre de la part de ceux qui m'ont si méchamment calomnié auprès des Représentans du peuple à Brest.

Mon innocence et la justice de la Convention nationale que je réclame aujourd'hui , et sur laquelle j'ai toujours compté , me rassurent pleinement ; elles seules ont guidé mon courage dans les fers, elles seules sauront aussi me faire triompher de mes ennemis. VIVE LA RÉPUBLIQUE, UNE ET INDIVISIBLE.

*A Paris dans la Maison d'Arrêt du Luxembourg, le        Frimaire , l'an troisième Républicain.*

G A S S I N,

*Capitaine des vaisseaux de la République.*

BIBLIOTHEQUE NATIONALE DE FRANCE